GABRIELE TERGIT
(1894–1982)

JÜDISCHE MINIATUREN
Herausgegeben von Hermann Simon

Band 203 GABRIELE TERGIT

Alle »Jüdische Miniaturen« sind auch im Abonnement beim Verlag erhältlich.

Die Deutsche Nationalbibliothek verzeichnet diese Publikation in der Deutschen Nationalbibliografie; detaillierte Daten sind im Internet über https://portal.dnb.de/ abrufbar.

Inh. Dr. Nora Pester
Wilhelmstraße 118, 10963 Berlin
info@hentrichhentrich.de
http://www.hentrichhentrich.de

Korrektorat: Jörn Bohlmann
Satz: Barbara Nicol
Gesamtherstellung: Thomas Schneider, Jesewitz
Druck: Winterwork, Borsdorf

1. Auflage 2017

Printed in Germany
ISBN 978-3-95565-197-8

ELKE-VERA KOTOWSKI

GABRIELE TERGIT

GROSSSTADTCHRONISTIN DER WEIMARER REPUBLIK

Dieser Band wurde gefördert durch die
Moses Mendelssohn Stiftung.

Inhalt

Prolog

Unweit der Berliner Fasanenstraße, wo heute das Gabriele-Tergit-Haus an die seinerzeit berühmte und heute nur noch wenigen bekannte Journalistin und Schriftstellerin erinnert, ein Stück den Kurfürstendamm entlang, die Tauentzienstraße weiter bis zur Gedächtniskirche, befand sich einst das *Romanische Café*. Dieses von vielen Zeitgenossen in Aquarell, Öl und Tinte verewigte Lokal war eine Institution, in der, auf zwei Säle verteilt, Schauspielerinnen auf Regisseure trafen, Maler auf Kunsthändler und die Dadaisten auf die Expressionisten und Sezessionisten; aber es war ebenso ein Sammelbecken jenes für Berlin so spezifischen Mixes aus Hasardeuren und Gestrauchelten, Visionären und Desillusionierten, die allesamt eine Faszination auf die neu in Berlin Angekommenen ausübten. Und so erinnert sich auch die Großstadtchronistin Gabriele Tergit an jenes Relikt einer vergangenen Zeit. Aber zeigt sich nicht durchaus auch die eine oder andere Parallele zu aktuellen Gegebenheiten?
»[S]o ist es mit Berlin: In der Fremdenstatistik interessiert man sich hauptsächlich für die Amerikaner, aber eigentlich kommen am meisten Leute aus dem Osten nach Berlin, eventuell ein paar Holländer und Dänen. Darauf wird weniger Wert gelegt. Aber Berlin ist ein

Vorort des Nordostens, wie Wien des Südostens. Berlin ist keine schicke Hauptstadt wie Paris oder Rom oder London, wo die Engländer und Amerikaner, die Spanier und Franzosen hinfahren ›for sightseeing‹, im Frühling oder in der season als ›Trip‹. Nach Berlin kommt man vom Osten, um eine Stellung zu finden, um Musik zu machen, um zu filmen und um zu malen, Theater zu spielen, zu schreiben, Regie zu führen, zu bildhauern, um Autos zu verkaufen, Bilder, Grundstücke, Terrains, Teppiche, Antiquitäten, um Läden aufzumachen, Schuhläden, Kleiderläden, Parfümläden, um zu darben und zu studieren. Sie alle sitzen im Romanischen Café, erst im Nichtschwimmerbassin, später im Schwimmerbassin.«

Auch Gabriele Tergit mag dort so manchen Kaffee, der bekanntlich recht schlecht war, getrunken und nicht wenige Kollegen und Bekannte getroffen haben. Die Liste der Stammgäste ist beachtlich (u.a. Gottfried Benn, Bertolt Brecht, Otto Dix, Alfred Döblin, George Grosz, Friedrich Holländer, Mascha Kaléko, Erich Kästner, Else Lasker-Schüler, Max Liebermann, Franz Pfemfert, Erich Maria Remarque, Renée Sintenis, Franz Werfel, Billy Wilder oder Stefan Zweig). Wer aber war die Verfasserin so amüsanter Passagen wie der oben zitierten und so mancher Feuilletons, Gerichtsreportagen und Prosawerke, für die sie noch heute Beachtung findet und weshalb sie ins Gedächtnis einer breiten Öffentlichkeit zurückgeholt werden soll?

Wie kaum eine andere ihrer Zeit hat sie in ihren Texten das Berlin der 1920er Jahre in seinen Höhen und Tiefen, seinem Glanz wie seinem Schatten, seiner Blüte und seinem Niedergang konserviert. Diese bieten der heutigen Leserschaft einen Einblick in jenes legendäre Großstadtflair der europäischen Metropole an der Spree. Der Name der Autorin, Gabriele Tergit, ist ein Pseudonym, sie hatte derer gleich mehrere: Maria Becker, Irene Bersil, E. Hensel, Emmy Grant, Lyonel, Lily Stock, Christian Thomasius. Im Verlauf dieses Textes wird sie aber ausschließlich Gabriele Tergit genannt, da dieser Name für die brillante Schriftstellerin und Chronistin ihrer Zeit steht. Unter diesem Namen erhielt sie auch in den 1960er Jahren das Bundesverdienstkreuz aus den Händen von Bundespräsident Heinrich Lübke.

Die Schülerin Elise Hirschmann (um 1906)

Kindheit im Kiez

Gabriele Tergit, 1894 als Elise Hirschmann geboren, entstammte einer Berliner Unternehmerfamilie. Ihr Vater Siegfried Hirschmann gründete in Berlin-Friedrichshain die Deutschen Kabelwerke, eine Tochtergesellschaft (DEKA Pneumatik) stellte Autoreifen her und zu Beginn des 20. Jahrhunderts brachte das Unternehmen die Cyklonette heraus, ein motorisiertes Dreirad, das den damaligen Automobilmarkt eroberte. In dem mit Heinz Rühmann und Willy Fritsch berühmt gewordenen Film *Die Drei von der Tankstelle* von 1930 wurde diesem Gefährt ein Denkmal gesetzt.
Die Mutter Frieda, geborene Ullmann, kam aus München, ihre Eltern waren in der Posamentenbranche tätig und fertigten Verzierungen wie Borten, Quasten und Schnüre für Polstermöbel, Wand- und Fensterdekorationen. Die Großeltern aus beiden Familienzweigen lebten noch streng nach den religiösen jüdischen Gesetzen. Ein Schwager des Großvaters mütterlicherseits war Samson Raphael Hirsch, der Begründer der Neo-Orthodoxie. Die Eltern von Elise Hirschmann praktizierten ihr Judentum jedoch kaum noch. Lediglich durch die Besuche bei den Großeltern wurde die Enkelin mit den jüdischen Festen und Gebräuchen vertraut gemacht und entwickelte eine Leidenschaft

für das Lesen der religiösen Schriften. »Mir sind die Propheten liebe Freunde geworden«, erinnert sich die über 80-jährige Tergit rückblickend. »Ich habe von Jesaja gelernt: Folge nicht dem großen Haufen nach, richte dich nicht nach dem Urteil der Menge. Dieser Satz ist einer der Erkenntnisse, die mir für mein ganzes Leben richtungsweisend gewesen sind.«

Die Hirschmannkinder, Elise und ihr jüngerer Bruder Ernst, wuchsen zunächst im Berliner Osten, im Arbeiterbezirk Friedrichshain in der Raupachstraße 9 auf. Die Straße existiert heute nicht mehr, sie befand sich zwischen Holzmarkt- und Ifflandstraße (hinter dem heutigen Areal der Mercedes-Benz Arena), nahe den Deutschen Kabelwerken in der Boxhagener Straße, die der Vater seit der Gründung 1894 kontinuierlich erweitert hatte.

Rückblickend bemerkte die Journalistin, wie nachhaltig dieser Kiez ihr soziokulturelles Bewusstsein geprägt hat: »Bei meinen späteren Gerichtsberichten für das Berliner Tageblatt hat mir dann die Kenntnis des östlichen Berlins sehr geholfen. Also die Toiletten auf dem Hof oder die Toiletten auf dem Treppenabsatz, oder daß ich wußte, das eben zehn Mietparteien nur einen Wasserhahn haben, der auf dem Korridor zu finden ist. Diese unwahrscheinlichen Verhältnisse, fünf Menschen, die in einem Zimmer schlafen, dann noch der Schlafbursche, all dies ist für mich

Werbeanzeige des väterlichen Unternehmens,
das 1896 in Deutsche Kabelwerke
umbenannt wurde

nicht fremd gewesen, weil ich eben in der Gegend aufgewachsen bin. Ich habe mich nie als fremd oder anders empfunden.«

Obwohl die Familie Hirschmann selbst damals keineswegs in den von Gabriele Tergit beschriebenen Verhältnissen lebte – das eigene Haus verfügte über fließend Wasser und elektrisches Licht –, erlebte das privilegierte Kind jedoch die Lebenswirklichkeit der sie umgebenden Berliner Arbeiterschaft, denn sie spielte mit deren Kindern und besuchte sie auch Zuhause.

Noch bevor die Tochter eingeschult wurde, zog die Familie in den Berliner Tiergarten, in die Corneliusstraße. Gabriele Tergit besuchte zunächst die Margareten-, dann die Charlottenschule, um dann, gegen der Rat ihres Vaters, bereits nach der Mittleren Reife auf eine sozialorientierte »Frauenschule« zu wechseln und damit auf ein Abitur zu verzichten. Jene Soziale Frauenschule war Teil des 1874 von Hedwig Heyl und Henriette Schrade-Breymann gegründeten Pestalozzi-Fröbel-Hauses. Dort wollte sie sich unter Anleitung von Gertrud Bäumer, Lily Dröscher und Alice Salomon auf einen Beruf in der Sozialfürsorge vorbereiten, denn darin sah Gabriele Tergit ihre Bestimmung. »Was ich dort gelernt habe: nun soziale Fragen: […] ich habe danach in einem Kinderhort im Berliner Osten gearbeitet, die Atmosphäre […] ist mir unvergeßlich, weil ich wirklich gesehen habe, was das für arme Würstchen sind, wie miserabel das ganze Niveau war. [...] auf diese Weise habe ich doch recht jung gemerkt, daß es eine wirkliche Armut in der Welt gibt, eine sehr schwer zu bekämpfende Armut, die große Probleme stellt.«

Ihren Eltern war sie überaus dankbar, da sie der Tochter schon früh erlaubt hatten, den eigenen Lebensweg selbst zu gestalten. Selbst als sie vorzeitig die Schule abbrach, um als Erzieherin zu arbeiten, ließ sie der Vater gewähren. Dass sie dann doch noch das Abitur nachholte und ein Studium absolvierte, mag die Eltern in ihrer Erkenntnis bestärkt haben, dass ihre Tochter eine intelligente, vielseitig begabte und moderne Neue Frau war, die ihr Leben selbst in die Hand nehmen wollte und auch konnte.

Elise (Lise) Hirschmann, kurz bevor sie sich das Pseudonym Gabriele Tergit *zulegt*

Chronistin der Sozialen und der Frauen-Frage

Die junge Frau bereute keineswegs ihren Umweg über eine Berufsschule, bevor sie sich zum Studium entschloss: »Insofern ist die soziale Frauenschule schon sehr wichtig gewesen« für den eigenen freien Blick auf die gesellschaftliche Situation in Berlin am Vorabend des Ersten Weltkrieges. Mit 19 Jahren schrieb sie, auf Anregung Gertrud Bäumers, ihren ersten Zeitungsartikel, der unter der Überschrift *Frauendienstjahr und Berufsausbildung* am 22. November 1915 in der Beilage *Zeitgeist* des im Rudolf Mosse Verlag herausgegebenen *Berliner Tageblatts* erschien. Darin geht sie nicht allein kriegsbedingt auf die veränderte Situation von Frauen ein. »Unsere Zeit ist Männerzeit«, so die ersten Worte ihres Artikels. Sie verweist auf die Notwendigkeit einer soliden Berufsausbildung für Frauen, um ihrer ökonomischen Selbstständigkeit willen, denn aktuell seien 70 Prozent aller Frauen bis zum 30. Lebensjahr und »nach dem 50. Lebensjahre rund 50 Prozent ohne ehelichen Ernährer«. Ihr Artikel ist ein Appell, der veränderten Lebenswirklichkeit ins Auge zu sehen. Und endlich anzuerkennen, dass Frauen ein Recht auf eine Fachausbildung hätten, damit sie – unabhängig von einem Mann, ob Vater oder Ehemann – der »innere[n] Befriedigung« folgend, »zu produzierenden, nicht nur konsumierenden Staatsbürgern« würden. Des Weiteren sei es notwendig, die Diskrepanz zwischen den sozialen Schichten aufzuheben, daher plädierte sie für ein soziales Dienstjahr für höhere Töchter, »um unser Volk enger zusammenzuschweißen, um den Zusammenhang zwischen Frau und Frau wiederherzustellen, der durch die wirtschaftliche Entwicklung des vorherigen Jahrhunderts zerrissen wurde«. Die Solidarität unter Frauen war ihr Gebot der Stunde und dieses habe sich über alle sozialen Grenzen hinweg zu erstrecken. War die Verfasserin dieses Artikels noch ganz in ihrem beruflichen Werdegang als Sozialarbeiterin verwoben, flackern darin aber bereits auch ihre journalistischen Ambitionen auf. Ihr Talent, prägnant, zuweilen auch süffisant, die Gegenwart abzubilden, sollte sich mit den Jahren vervollkommnen.

Nachdem Gabriele Tergit 1918 ihr Abitur abgelegt hatte, begann sie im gleichen Jahr ihr Studium der Geschichte, Philosophie und Soziologie. Studienorte waren München, Heidelberg, Frankfurt und Berlin. Sie hörte u.a. bei Max Weber (München), Friedrich Gundolf (Heidelberg) und nach ihrer Rückkehr nach Berlin besuchte sie die Lehrveranstaltungen von Eduard Spranger und vor allem Friedrich Meinecke.

Wie schon in jenen Jahren, da sie sich in der von Alice Salomon mitbegründeten Sozialen Frauenschule in Berlin-Schöneberg zunächst auf ihren gewünschten

Beruf der Sozialfürsorgerin vorbereitete, begegnete sie auch jetzt, da sie eine Laufbahn als Journalistin und Gerichtsreporterin eingeschlagen hatte, den gesellschaftlich Benachteiligten und Geächteten mit einem hohes Maß an Empathie.
Während ihres Studiums hatte Gabriele Tergit bereits begonnen, Feuilletons für die *Vossische Zeitung* und den *Berliner Börsen-Curier* zu verfassen. Und noch bevor sie 1925 ihre Dissertation über Carl Vogt, einen deutsch-schweizerischen Naturwissenschaftler und Politiker (Mitglied der ersten Deutschen Nationalversammlung), bei Meinecke und Erich Marcks an der Frankfurter Universität abgeschlossen hatte, erhielt sie 1924 durch Theodor Wolff*, Chefredakteur des *Berliner Tageblatts*, jener liberalen Zeitung der Weimarer Republik, eine Anstellung als Pauschalistin. »Wolff war von einem so großen persönlichen Charme, dass man die Hässlichkeit des Gesichts und der Gestalt völlig vergaß.« In ihren späteren Aufzeichnungen erinnert die Journalistin, wenn auch etwas despektierlich, ihre erste Begegnung mit dem allseits berühmten und gefürchteten Leitartikler: »›Wieviel habe ich gesagt?‹, streute Wolff beiläufig ein. ›Vierhundert im Monat?‹ – Ich schwieg. – ›Das Mädchen sitzt im Sessel, sieht aus und gibt mir das

* Siehe JÜDISCHE MINIATUR, Band 10

Gefühl, als ob ich sie ausnutze. Also fünfhundert Mark?‹« – Natürlich ging ich darauf ein: fünfhundert Mark für neun Gerichtsberichte im Monat. Extra-Artikel sollten mit fünfundsiebzig Mark bezahlt werden. »Das bekam ich, weil mir Monty Jacobs bei den großzügigen Ullsteins so viel für jeden Artikel in der ›Vossischen Zeitung‹ bezahlt hatte und Wolff dem nicht nachstehen wollte. Kapitalismus 1924.«

Seitdem Elise Hirschmann (alias Gabriele Tergit) 1924 eine feste Anstellung beim *Berliner Tageblatt* hatte, hielt sie es für geboten, ein festes Pseudonym zu wählen. Dieses wurde nach eigenen Angaben während eines Gespräches mit dem Schriftsteller Georg Hermann kreiert. Dieser hatte ihr anempfohlen: »Als Hirschmann kannst du in der Presse nicht weiterkommen. Du brauchst einen eindrucksvollen, originelleren Autorennamen!« Fortan unterzeichnete sie ihre Artikel ausschließlich mit ›Gabriele Tergit‹. Nach Auskunft ihres Neffen Tomas Hirschmann entstand dieser Name, als beide, Elise Hirschmann und Georg Hermann, auf einer Parkbank saßen und auf ein Gitter schauten. Aus »GIT-TER« wurde durch Silbentausch »TER-GIT«.

Aufsehen erregte und Berühmtheit erlangte Gabriele Tergit als Gerichtsreporterin. Da die gerade promovierte Historikerin über keinerlei rechtswissenschaftliche Vorkenntnis verfügte, war es ihr ein Anliegen ihrer Leserschaft, anders als ihre männlichen Kollegen, die ihre Gerichtsreportagen mit einer juristischen Trockenheit verfassten, den Menschen hinter dem Angeklagten zu beschreiben. Gesunder Menschenverstand und Sympathie leiteten ihre Berichte über jene, die in die Mühlen der Justiz geraten waren. Häufig waren es einfache Menschen, die sich im Labyrinth der Paragrafen verfangen hatten, Arbeitslose, Landstreicher oder Dienstmädchen. Tergit beschrieb Prozesse wegen Heiratsschwindel oder Hochstapelei, Eifersuchtsdramen oder Vergehen gegen den Paragrafen 218. Letztere waren ihr ein besonderes Anliegen. Sie griff immer wieder die schwierige Situation von Frauen auf, die sich in doppelter Hinsicht in einer prekären Lage befanden. Ungewollt schwanger, nicht selten von ihren Dienstherren, begaben sich die Frauen in die Hände von ›Kurpfuschern‹ und machten sich damit strafbar. Wenn sie nicht gar mit ihrem Leben dafür zahlten, denn nicht wenige Frauen überstanden den Eingriff von ›Engelmacherinnen‹ oder vermeintlichen Ärzten nicht oder mussten sich anschließend vor Gericht für den Schwangerschaftsabbruch verantworten. Gabriele Tergit gelang es, mal mit Witz und Ironie, mal mit Einfühlungsvermögen und klaren Worten, Motive und Hintergründe der Angeklagten offenzulegen. Dabei verwies sie immer wieder auf die inhumanen Lebensbedingungen, die die Menschen, insbesondere Frauen, die eine Abtreibung vornehmen ließen, in das Verge-

hen trieb, für das sie vor Gericht standen. Egon Larsen spricht von einer »Revolution der deutschen Gerichtsreportage«, die Gabriele Tergit und ihr bereits 1928 verstorbener Kollege Sling, alias Paul Schlesinger, der für die *Vossische Zeitung* schrieb, mit dieser individuellen Form der Berichterstattung auslösten und ein neues literarisches Genre aus der Taufe hoben.
Gabriele Tergit wollte sich aber nicht allein auf die juristische Berichterstattung beschränken. Das ›who is who‹ der Berliner Schickeria war es nicht minder wert, beschrieben zu werden. Diese Idee kam ihr im Sommer 1924 auf Hiddensee, der Ostseeinsel, »beliebt bei der höheren Boheme«. Dort traf sie unter anderen den Zeichner Walter Trier, seines Zeichens Illustrator von Erich Kästners Kinderbüchern (u.a. Emil und die Detektive), den Schriftsteller Gerhart Hauptmann, der dort bis 1943 ein Sommerhaus bewohnte, sowie den Verfasser des *Zauberbergs*, Thomas Mann: »Hauptmann, wie ein römischer Imperator in ein weißes Frottiertuch gewickelt, öffnete mir einmal mit unvergleichlicher Grandezza eine Gartenpforte. Thomas Mann weilte dort und nahm ihn [Hauptmann, E.-V.K.] maß, um ihn als Peeperkoorn in den Zauberberg einzuarbeiten. Thomas Mann war nervös, denn im Hotelgarten wurde mit Pfeil und Bogen geschossen, und seine kleinen Kinder flitzten herum in tatsächlich ständiger Gefahr.«

*Der Hiddenseeaufenthalt (1924) hatte u.a. zur Folge,
dass Gabriele Tergit fortan Perlenketten trug.
Die Gattin des Zeichners Walter Trier hatte ihr dies nahegelegt
und die Tergit kam dieser Aufforderung
ihr weiteres Leben lang nach.*

Ende des Jahres hatten ihre Kollegen Walter Kiaulehn und Rudolf Olden die »Berlinseite« des *Berliner Tageblatts* neu kreiert. Von Hiddensee inspiriert, wollte Gabriele Tergit fortan unter dem Motto »Berliner Existenzen« Texte beisteuern, die, mit einer gehörigen Portion Humor, die großen, aber auch die kleinen Leute der Metropole beleuchten sollten. Denn es waren längst nicht immer nur die Lichtgestalten, die die minutiöse Beobachterin der Leserschaft präsentieren wollte. Sie beschrieb ebenso die ›Möchtegerne‹ wie die Schattenexistenzen, die sich zuweilen im legendären *Romanischen Café* die Zeit vertrieben. »Das Romanische Café befindet sich gegenüber der Gedächtniskirche und besteht aus einer Schwimmer- und einer Nichtschwimmerabteilung. Die Schwimmer sitzen links von der Drehtür. Die Nichtschwimmer rechts. [...] dieses Café ist eine Heimat.« Diese Heimat beschränkte sich aber nicht allein auf die (intellektuellen) Berliner Urgewächse – sofern es diesen Urberliner je gegeben haben mag – als vielmehr auf die vielen Zugereisten, die die Stadt von der Durchgangsstation erst zur Metropole werden ließen.

In jenen Jahren gehörte Gabriele Tergit der Berliner Sektion des »Soroptimist-Klubs« an, einer internationalen Vereinigung berufstätiger Frauen, die nach dem Zweiten Weltkrieg der UNESCO angegliedert wurde und bis heute existiert. Dort lernte sie die Fotografin

Lotte Jacobi, die Schauspielerin Tilla Durieux und die Malerin Annot (Anna Ottilie Krigar-Menzel) kennen. Rückblickend bemerkte sie: »Und nun fand sich da ein Kreis von jungen, berufstätigen, interessanten Frauen zusammen. Bei jedem Treffen hielt ein Mitglied Vortrag aus ihrem Berufsgebiet. [...] Sie alle waren vor 1933 erfolgreich gewesen, Persönlichkeiten, einzigartig, eine nie wieder genauso vorkommende Zusammensetzung von Zellen.«

In einem Artikel für das *Berliner Tageblatt* stellt sie 1930 den Soroptimist-Klub der Leserschaft vor und konstatiert: »Wenn man denkt, wie solch ein Klub vor zwanzig Jahren ausge[se]hen hätte. O Gott, wieviel Protest und wie viel innere Unsicherheit und wie viel Krampf und wie viel Gemöchte. Einfach eine Ordensversammlung der Schwestern zum höheren Menschentum. Seele hätte in jedem Händedruck gelegen und der ganze Hochmut der Menschen, die glauben, allein den Schlüssel zur wahren Ethik zu haben. [...] Jetzt, zwanzig Jahre später, ist es keine Frauenversammlung mehr, sondern eine Versammlung von Frauen, die sich wohltätig von allem Gedeckten-Tisch-Rummel unterscheidet. Reden wurden gehalten, Margarete Kaiser sprach vom Konflikt Beruf und Haushalt, Beruf und Mutter, Beruf und Gattin, sagte auch, daß heute nicht mehr der Beruf zugleich Berufung ist, sondern Notwendigkeit [...] Frau Dr. Jacker plauderte auf leichte Weise, wie die moderne Frau sich den modernen Mann wünscht. [...] Wenn Madame de Noel im dahlienfarbenen Ballkleid graziöse französische Worte auf noch graziösere Weise sagt, so kann man sich kaum denken, daß sie in weißer Schürze am Operationstisch steht, entstellten Mitschwestern die Nase gerade zu rücken, die Falten zu glätten, damit sie ein Generaldirektor als Sekretärin engagiert. Das ist es, das ist der Unterschied.« Der Beitrag endet mit folgenden Worten: »Die Männer sind die gleichen geblieben, haben Konflikte, Gefahren und Ängste und Arbeit, sie legen Grundsteine, eröffnen Ausstellungen, machen Transaktionen, Pleite und gewaltige Erfindungen, geändert hat sich überall in den Ländern der Menschheit anderer Teil, die Frau.«

Gabriele Tergit griff in ihren Feuilletons stets aktuelle Themen auf, kämmte sie gegen den Strich und traf immer einen besonderen Ton, der selbst der heutigen Leserin den Blick auf die damalige Zeit in ganz spezifischer Weise freilegt.

Während sich der literarische Nachlass von Gabriele Tergit im Literaturarchiv in Marbach und zum Teil im Deutschen Exilarchiv in Frankfurt befindet, beherbergt das Moses Mendelssohn Zentrum in Potsdam seit 2014 ihren persönlichen Nachlass, der u.a. Familienbriefe, Zeugnisse, Pässe, Fotos, Rezensionen und Manuskripte umfasst. Diese Dokumente lagerten bis dahin auf dem Dachboden der Schwiegertochter Penny Chettle in England. Tomas Hirschmann, der Neffe von Gabriele Tergit aus Guatemala, übereignete im Namen der Nachfahren diesen privaten Nachlass der Verfasserin zur weiteren wissenschaftlichen Bearbeitung.

Erstausgabe von 1931

1988

2004

2007

2016

2017

»Käsebier erobert den Kurfürstendamm«

Neben ihren journalistischen Arbeiten liebäugelte Gabriele Tergit schon länger mit einer literarischen, wenn nicht gar satirischen Auseinandersetzung über die eigene Zunft, das heißt die Berliner Zeitungslandschaft. Dabei wollte sie ihre eigene Person als Teil des Getriebes keineswegs außen vor lassen. Eine der Nebenfiguren ihrer Geschichte ist Fräulein Dr. Charlotte Kohler, Redakteurin bei der *Berliner Rundschau*. Mit ihr beschreibt sie jenen neuen Typus der berufstätigen Frau in der Großstadt: eine junge, engagierte Journalistin, unverheiratet und mit ihrer Mutter zusammenlebend, verliebt in den Paris-Korrespondenten Oscar Meyer, der aber mit jenem neuen Typus Frau nicht umzugehen weiß.

In einem dialogisch erzählten Großstadtroman gerät der Protagonist bzw. Titelheld »Käsebier« allerdings zur Randfigur. Viele Handlungsstränge fließen wie die Verkehrsadern der Großstadt zu einem Knotenpunkt zusammen, wobei sich dieser ähnlich dem pulsierenden Treiben auf dem Potsdamer Platz oder dem Kurfürstendamm nur schwer konkretisieren lässt. Der Leser lauscht wie ein Großstadtflaneur den Gesprächen zwischen Bankern, Bauunternehmern, Journalistenkollegen, Geschäftsleuten, Zufallsbekanntschaften.

Es wird viel telefoniert, lose verabredet, unverbindlich vereinbart. Aber all diese Telefonate, Verabredungen und Vereinbarungen hängen irgendwie zusammen mit dem medial inszenierten Aufstieg und jähen Fall des Neuköllner Volkssängers Georg Käsebier, der durch einen immensen Pressehype, gepaart mit einer enormen Werbemaschinerie, als Spielball der Medien und profitgieriger Konzerne missbraucht wird. Die Autorin benennt in ihrem Berlin-Kolorit als eine der Ersten die unkalkulierbaren Gefahren der Reklame als jene aggressive Marketingstrategie, die in den 1920er Jahren nach den USA auch ganz Europa überrollte. Rückblickend schreibt Gabriele Tergit in ihren autobiografischen Aufzeichnungen *Etwas Seltenes überhaupt*: »Ich plante schon lange eine Satire auf den ›Betrieb‹, den ich für den Zerstörer aller echten Werte hielt, um etwas Nichtexistierendes zu schreiben. Ich wollte sozusagen Andersens ›Des Kaisers neue Kleider‹ erweitern. Aber ich erkannte, daß ein Buch, aus dem man nicht erfährt, weswegen telefoniert, telegrafiert, in Autos gerast wird – ein Kafka-Thema –, unmöglich ist.«
Die Gelegenheit dazu bot sich bei einem Aufenthalt in Österreich, im Frühjahr 1931. »Nie wäre ich dazu gekommen, den ›Käsebier‹ zu schreiben, wenn meine Eltern mich nicht nach einer Operation zu einem Schneeurlaub nach Vorarlberg mitgenommen hätten.« Inspiriert wurde Gabriele Tergit nach eigenen Anga-

ben durch ein Gespräch mit einem Hotelgast: »Ich lag in der Liegehalle. Die Dame neben mir sagte: ›Schönes Hotel, nicht wahr?‹ ›Ja‹, sagte ich, ›sehr schönes Hotel. Ich wollte aber eigentlich in die Schweiz.‹ – ›Das können Sie nicht, die Schweiz ist völlig verjudet.‹ […] An jenem Abend ging ich gleich nach dem Abendbrot in mein stilles Zimmer und begann einen Roman zu schreiben, mit dem Füllfederhalter natürlich.«

In ihrem Erinnerungsbuch *Etwas Seltenes überhaupt* verwies Gabriele Tergit Jahrzehnte später darauf, dass ja die Themen, die in den Roman einflossen, auf der Straße lagen und in jenen Jahren, als sie Mitarbeiterin beim *Berliner Tageblatt* war, mit ihren Kollegen Walther Kiaulehn und Rudolf Olden offen diskutierte. So auch der aufkeimende Antisemitismus, der sich, wie sie die Initialzündung für ihren Roman beschreibt, unverhohlen in der Konversation mit der Dame im Vorarlberger Hotel widerspiegelte: »›Das Wunderbare‹ war die Besessenheit des deutschen Volkes von Hitler. Mein Roman, der Spaß über ein erfundenes Nichts, wurde viel erfolgreicher als die glänzende Darstellung echten Schwindels echter Schwindler. […] Aber wichtiger als Oldens hilflose Erklärungsversuche waren Tatsachen. Überall in Deutschland erhob sich uralter Aberglaube.«

Die Autorin verwies im Nachhinein darauf, dass keiner der in ihrem Roman erwähnten Figuren einen Bezug

zu realen Personen hätte, so will sie auch keinen expliziten Bezug zu den fiktiven Redaktionskollegen Miermann und Gohlisch (in Anlehnung an Rudolf Olden und Walter Kiaulehn) hergestellt wissen. Allerdings ließ sie durchaus aktuelle Geschehnisse in ihre Geschichte einfließen. So hat beispielsweise jener fiktive Schriftsteller Otto Lambeck, der Käsebier als Medienereignis aus der Taufe hob, eine gewisse Ähnlichkeit mit Heinrich Mann, der damals Feuilletons für den Ullstein-Verlag verfasste. Einer der ersten Artikel galt der Lachbühne am Weinbergsweg 19, die von Erich Carow betrieben wurde. Tergits Protagonist Georg Käsebier weißt gewisse Parallelen zu jenem damals recht bekannten Komiker auf, der bald als »Chaplin vom Weinbergsweg« Berühmtheit erlangte. Laut Tergits Redaktionskollegen Walter Kiaulehn soll Charlie Chaplin durchaus in der Lachbühne verkehrt und damit die Bedeutung von Carow und seiner Kleinkunstbühne unterstrichen haben. Der von Tergit auserkorene Protagonist Käsebier blieb jedoch eine Randfigur ihres Romans, denn ihr ging es, wie sie eindrücklich betonte, um den »Betrieb« und die Konvergenz von Medien, Unterhaltung und Politik.
Erst durch eine zufällig in die Presse geratene Meldung wurde Käsebier zum Star des Kurfürstendamms hochgeschrieben, denn so bemerkt Gabriele Tergit: »Der Erfolg ist eine Sache der Suggestion und nicht

der Leistung.« Denn dieser kometenhafte Erfolg eines eher mittelmäßigen Neuköllner Sängers ist allein der Tatsache geschuldet, dass ein «berühmter« Schriftsteller im Feuilleton einer Berliner Zeitung ein Loblied auf ihn anstimmt. Mehr aus Verlegenheit, da ein ursprünglich gedachter »Artikel über den Matsch« aufgrund von »Frost« entfallen musste, nimmt sich daraufhin ein Boulevardjournalist dieses von dem Schriftsteller Lambeck (in Anlehnung an Heinrich Mann) empfohlenen Volkssängers an und besucht eine Vorstellung von Käsebier, »blond, dick und quibblig, Schnauze, fast schon Fresse zu nennen«, der seinem Publikum bei Kaffee und Butterbrot mal schmalzige, mal schlüpfrige Liebeslieder zuschmettert. Ein Star wird geboren! Denn der neuerliche Zeitungsartikel setzt eine ganze Unterhaltungsindustrie in Bewegung, inklusive Marketing und Merchandising. Käsebier wird zum Label. Hersteller von Füllfederhaltern und Schuhen, die Tabakindustrie, Schokoladenproduzenten und Puppenfabrikanten bedienen sich des Käsebier-Labels. Es entstehen Bücher über den «berühmten« Berliner Barden, ein Film wird produziert mit Käsebier als Hauptdarsteller, und für diesen baut ein Großinvestor einen Prachtkomplex am Kurfürstendamm.

Eigentlich wollte Gabriele Tergit ihren Titelhelden »Käsebein« nennen, aber das Kindermädchen ihres

Sohnes Peter riet ihr davon ab. »Der Spaßmacher sollte nur der ganz gleichgültige Aufhänger für Journalisten, Bauunternehmer und Massenmedienleute werden.« Noch bevor der Roman einen Verleger gefunden hatte, machten ihre Kollegen Titelvorschläge, denn Walter Kiaulehn hatte Tergits ersten Vorschlag »Geschichte eines Berliner Ruhms« gleich verworfen. Rudolf Olden wollte das Buch »mit einer Abwandlung unseres Grußes betiteln. Unser Gruß, natürlich von Kiaulehn erfunden, hieß: ›Heil und Sieg und fette Beute!‹ Das sagten wir statt ›Guten Tag‹. Olden wollte ›Heil und Sieg! Fette Beute gibt's nicht mehr!‹« Wie Gabriele Tergit rückblickend bemerkt, sei das Schreiben dieses Buches die schönste Zeit ihres Lebens gewesen, umso schwieriger war es dann aber, einen Verlag zu finden. Ullstein hatte abgelehnt, die Thematik sei zu ›heikel‹, da sich »Leute der Presse entlarvt fühlen« könnten, außerdem komme der Roman zu spät, denn »heutzutage wird ein Mann viel unkomplizierter, aber auch viel vorsichtiger gemanagt und die Burleske, die Sie aus diesem Lebensweg formen, dürfte im Jahre 1931 ein auf Sachlichkeit beruhendes und keineswegs ins Ironische abgleitendes Schauspiel sein.« Dank der Vermittlung von Franz Hessel, der zu jener Zeit Lektor im Rowohlt Verlag war, landete das Manuskript auf dem Schreibtisch von Ernst Rowohlt, der es als gute Ergänzung zu zwei parallel erscheinenden Romanen ansah: Hans Falladas *Bauern, Bonzen und Bomben* (1931) und Erich Kästners *Fabian* (1932); und so beauftragte der Verleger seinen Schriftleiter Hans Fallada mit dem Lektorat des *Käsebier*.

Der Erfolg des Romans war wohl für alle Beteiligten ebenso unerwartet wie überwältigend. Im Berliner Börsenblatt des Deutschen Buchhandels wurde der Band am 2. November 1931 gleich mit mehreren Superlativen angekündigt: »Noch nie ist der Leerlauf des ganzen ‚Betriebes' so erschreckend dargestellt worden wie hier. In jeder Zeile ist der Tonfall und Herzschlag unserer Metropole. Bald mit Frauenbosheit, bald mit frauenhaft liebevollem Humor ist hier im Berlin von Heute die ganze Tragikomik des armen Luders Mensch gesehen.« Allerdings zeichnet sich darin auch der noch unbeholfene Umgang mit weiblichen Schriftstellern ab, Attribute wie »Frauenbosheit« und »frauenhaft liebevoller Humor« zeugen von mangelnder Erfahrung und Treffsicherheit des Rezensenten vom *Börsenblatt*, der anscheinend noch wenig literarische Berührungspunkte zu zeitgenössischen Autorinnen aufweisen konnte.

Ihr Kollege, Freund und späterer Generalsekretär des Deutschen P.E.N.-Clubs im Exil (1934–1940) Rudolf Olden bemerkte, nochmals auf den Titel des Buches eingehend, am 25. November 1931 im *Berliner Tageblatt*: »Aber ich will sie nicht vorstellen, Gabriele

Tergit, sondern einen Roman, den sie geschrieben hat, den Roman [...] Käsebier erobert den Kurfürstendamm, erschienen bei Rowohlt, ein bescheidener Titel. Er müsste zumindest noch dazu heissen: ›verliert ihn wieder und mit ihm Berlin.‹ ‚Oder pathetisch: ›Die Niederlage der Hauptstadt‹ oder: historisch ›Berlin in der großen Krise‹. Oder aber, so wollte ich den Titel haben ›Fette Beute gibt's nicht mehr‹, oder ganz grossartig: ›Das Ende des Kapitalismus.‹«

Und ihr Kollege Kiaulehn betonte in der *BZ am Mittag*: »Dieser Roman wird viele verwirren, weil er ihnen zeigt, daß Berlin und New York dicht nebeneinander liegen. Durch seine Zeilen weht der Wind von Berlin, aber es ist der Wind, der alle Großstädte durchweht und sie gleich sein läßt in Europa und Amerika. [...] Es ist wirklich ein bedeutendes Buch – mit Zola'scher Prägnanz und Erbarmungslosigkeit geschildert.«

Aber auch ihr weniger nahestehende Journalistenkollegen zollten Gabriele Tergit und ihrem Werk Respekt. So heißt es in der *National-Zeitung* von 24. Januar 1932: »[...] eine durch und durch gekonnte virtuose und glänzend aufgenommene Kultur- und Geistesgeschichte des modernen Berlin. [...] Dieser Roman hat nicht nur Atmosphäre, er schildert nicht nur die ganz besondere, einmalige Luft einer Stadt. Er ist auch ein getreues Abbild seiner Zeit: der Zeit, in

Wunsch-Spiegel

Die meisten Stimmen erhielten in der Woche vom 17. bis zum 24. Dezember die hier abgebildeten Persönlichkeiten

Wir stellen Ihnen vor:

Gottfried Benn

Henri Bergson

Jakob Wassermann

Dr. Oswald Spengler

Erich Mendelsohn

Erich Maria Remarque

Fritz Engel

Heinrich Schlusnus

Prof. Dr. Hendrik van Loon

Wen möchten Sie kennenlernen?

Wunschzettel des „Welt-Spiegel"

Gabriele Tergit

Im Dezember 1931 zählte Gabriele Tergit zu den beliebtesten Persönlichkeiten der Welt-Spiegel-*Leserschaft* der alle Werte wanken, alle feststehenden Begriffe mit dem ganzen Bau der Gesellschaft umgestülpt werden. Gabriele Tergit hat mit scharfem Intellekt und treffsicherer Knappheit die oft geschriebene Geschichte von jähem Aufstieg und jähem Fall einer Modegröße hineinzustellen gewusst in einen lebendigen Bericht vom Untergang einer Gesellschaft.«

Und selbst die ausländische Presse nahm die Satire über den ›eigenen Betrieb‹ aufmerksam zur Kenntnis. Die *Wiener Allgemeine Zeitung* bemerkt in ihrer Ausgabe vom 13. Januar 1932 lobend: »Gabriele Tergit ist der Name einer Berliner Kollegin, deren deutlich freiwillige parodistische Begabung ebenso frech wie graziös, ebenso flink wie spitz scheint. [...] übrigens ist das keine Satire eines Metiers, sondern die vielleicht seit Jahren gefährlichste Verulkung des gewissen Großberliner Tempos und seiner seelischen und ästhetischen Versteinerung.«

Gabriele Tergit vereint in ihrem Roman viele Nebenschauplätze, die gemeinsam das Bild der Metropole Berlin vervollständigen. Alle Protagonistinnen und Protagonisten kommen ins Straucheln, scheitern an ihren eigenen Zielvorgaben oder sind am Ende bankrott – noch bevor die Weltwirtschaftskrise das Ende der Weimarer Republik einläutet, denn die fetten Jahre, der Tanz auf dem Vulkan, sind bald vorbei und was folgt ist weder ›Heil‹ noch ›Sieg‹. Wenn es über-

Wiener

Allgemeine Zeitung

NEUE BÜCHER

Tergit:

„Käsebier erobert den Kurfürstendamm"

Ernst Rowohlt-Verlag

Gabriele Tergit ist der Name einer Berliner Kollegin, deren deutlich freiwillige parodistische Begabung ebenso frech wie graziös, ebenso flink wie spitz scheint. Sie hat da einen ganz famosen Berliner Journalistenroman geschrieben, mehr skeptisch freilich in der Perspektive und in der ausgesprochenen Moralkritik dieses Berufes, überaus pessimistisch sogar, aber mit einem Anflug von unverdrossenem, ja geradezu sachlichem Galgenhumor. Im übrigen ist das keine Satire eines Metiers, sondern die vielleicht seit Jahren gefährlichste Verulkung des gewissen Groß-Berliner Tempos und seiner seelischen und ästhetischen Versteinerung. Irgendwie spiegelt sich in der kleinen Berliner Redaktion, die Gabriele Tergit erschütternd lebensecht und mit so selbstironisch nachsichtiger Lebens- und Berufsweisheit schildert, diese prinzipielle Berliner Inflation der Einfälle und des Unternehmertums, der Schlagworte und der zweckmäßig aufgezogenen Sensationen, der blendenden sowie der blendend arrangierten Karrieren in besonders melancholischem Licht. Nur Kameraden dieses vielleicht seltsamsten aller Berufsschicksale werden die gelassen sarkastische Weltflucht begreifen, die in diesen Räumen aussichtsloser und noch dazu illusionsloser Pflichterfüllung herrscht, in denen sich nur das Manuskript ändert und das Ereignis, aber niemals jener Geist einer ebenso glänzend organisierten wie menschlich bitteren Verneinung.

Daneben und darüber hinaus ersteht ein absichtsvoll schwindelndes Bild der unersättlichen und unbelehrbaren Berliner Verliebtheit in die eigene, niemals um ein entsprechend hinreißendes Objekt verlegene Betriebsamkeit. Dieses Objekt und dieses Opfer ist diesmal ein kleiner Berliner Volkssänger, den plötzlich die vollen Fanfaren der Begeisterungsreklame umbrausen. Zwei Jahre später schleicht er namenslos durch die letzte Nachtlokalprovinz. Dieses Auf und Ab meisterhaft instrumentierten Phrasenrausches lebt nicht nur sichtlich vom offenkundigen Hinblick auf wirkliche und dennoch vielleicht nicht minder phantastische Ereignisse. Sie läßt auch einen Tropfen Bitterkeit spüren und beinahe mehr Geringschätzung als Selbstvergessenheit. Denn bei all dem ist Gabriele Tergit offensichtlich in diese Welt, in der man sich mit so viel Schnoddrigkeit und mit einer schließlich dennoch und in jeder Beziehung so trostlosen Bilanz niemals langweilt, ein wenig verliebt.

Aber es ist eine unglückliche Liebe, charmant und gallig, enthusiastisch und übersättigt, eine Liebe voll Hingabe, Enttäuschung, Selbstbetrug und Undank, kurzum eine Journalistenliebe. L. U.

Ilse Faber:

„Herr Poehlmann reist"

Verlag Bruno Cassirer, Berlin

Das Erstlingswerk Ilse Fabers, „Die silberne Kugel", hat außerordentliches Aufsehen erregt. Hier meldete sich eine Frau zu Wort, deren Stil von ungewöhnlicher Eigenart ist und deren Gedanken von einer merkwürdig kräftigen Besinnlichkeit

Käsebier-Rezension in der Wiener Allgemeinen Zeitung *vom 13. Jänner 1932*

haupt eine Heldin in der Geschichte gibt, dann ist es die Stadt Berlin. Und das nicht nur, weil Gabriele Tergit mit ihrem Käsebier einen fulminanten Großstadtroman geschrieben, sondern ihrer Zunft auch ein bitterböses und gleichsam einzigartiges Denkmal gesetzt hat. »Wie zukunftsträchtig dieser Hohn auf die Reklame war, erwies sich ein Jahr später, als Goebbels sein Reklameministerium etablierte und Weltzerstörung und Judenausrottung wie eine neue Seifensorte verkaufte, bis einige Angestellte von Reklameagenturen das mächtigste Land zu regieren sich unterfingen. Mein Käsebier endete mit der Weltkrise, Krise herrschte überall, aber nur in Deutschland führte sie zur Katastrophe. ›Käsebier‹ geht weder auf die Ursachen noch auf Vergangenheit oder Zukunft ein. Ich wollte, was ich für die Aufgabe eines Romanschriftstellers halte, das Hier und Jetzt so genau, so wahr schildern, als ich kann [...].«, heißt es rückblickend in einem Brief an Jutta Siegmund-Schultze Ende 1976.

Bildunterschrift Seite 42:

Rückblickend betrachtet mehr als makaber:
Das Kalenderblatt der letzten Januarwoche 1933 – und damit des Datums der Ernennung Adolf Hitlers zum Reichskanzler – zeigt Gabriele Tergit. Nur wenige Wochen später musste die Schriftstellerin, die in Spemanns Literaturkalender als bedeutende zeitgenössische Autorin geehrt wurde, aus Deutschland fliehen.

S.A. 7.48 U 16.39 M.A. 9.07 U. 21.18	S.A. 7.46 U. 16.41 M.A. 9.17 U. 22.34	S.A. 7.45 U. 16.43 M.A. 9.26 U. 23.48	S.A. 7.43 U. 16.45 M.A. 9.36 U. —	S.A. 7.41 U. 16.47 M.A. 9.50 U. 1.04	S.A. 7.40 U. 16.48 M.A. 10.08 U. 2.19	S.A. 7.38 U. 16.50 M.A. 10.33 U. 3.32
29	30	31	1	2	3	4
Sonntag	Montag	Dienstag	Mittwoch	Donnerstag	Freitag	Sonnabend

phot. Becker & Maass, Berlin

Die Journalistin und Schriftstellerin
Gabriele Tergit (Dr. Elise Reifenberg), Berlin.

Überstürzte Flucht

Ihre Schilderungen, »das Hier und Jetzt so genau, so wahr« zu formulieren, sollten ihr bereits wenige Wochen nach Hitlers Machtantritt zum Verhängnis werden. Am Morgen des 4. März 1933, es war Gabriele Tergits 39. Geburtstag, hatte ein SA-Trupp versucht, ihre Wohnung im Berliner Bezirk Tiergarten zu stürmen. Allerdings hatte das Ehepaar Reifenberg vorgesorgt und die Türverriegelung verstärkt. Diese Vorsichtsmaßnahme hatten ihnen Bekannte einige Wochen zuvor nahegelegt und dieser Rat sollte sich bewähren, denn die SA musste, nach mehrmaligen Versuchen, die Tür aufzubrechen, unverrichteter Dinge abziehen. Wenige Stunden später floh Gabriele Tergit Hals über Kopf und ohne Familie in die Tschechoslowakei, ins böhmische Spindlermühle (Špindlerův Mlýn). Dort erreichte sie am 25. April 1933 ein Brief der Frauenrechtlerin Helene Stöcker, die wiederum auf dem Monte Verita bei Ascona Zuflucht gefunden hatte. Die Begründerin des Bundes für Mutterschutz und Sexualreform, eine vehemente Gegnerin des antisemitischen Gedankenguts, und die, wie sie schreibt, »Schrecknisse der Judenverfolgung« ebenso wie die Aufmerksamkeit der neuen Staatsführung auf sich zog, wie die Journalistin Gabriele

Tergit, berichtet dieser, dass sie »seit einigen Tagen hier [in Ascona] gelandet [sei]. Es ist landschaftlich natürlich sehr schön, aber mein Arbeitszimmer in N. [gemeint ist wahrscheinlich Nikolassee, dort wohnte sie bis 1933 in der Münchowstraße 1, E.-V.K.] wäre mir lieber. Wie haben Sie sich nun entschieden? Ich habe oft an Sie gedacht. Geben Sie doch einmal Nachricht. Ich sprach in Zürich (Wien) u. Genf die verschiedensten Leute in gleicher Lage wie Sie und ich. Alle möchten am liebsten zurück. Aber alle erklären es für durchaus verfrüht, es jetzt schon zu versuchen. Dazu die finanziellen Schwierigkeiten. Was man zwei Monate ermöglichen kann, ist nicht zwei oder fünf oder zehn Jahre möglich. […] Ich versuche, das Beste aus dem Not-Aufenthalt hier zu machen und mich gesundheitlich zu kräftigen. Und dann kommt das Problem des Geldverdienens – für uns alle jetzt sehr schwer lösbar. Meine Geschicklichkeit in dem Punkt war nie sehr groß. Hoffentlich ist die Ihre größer. In der Erwartung, daß Sie gute Nachrichten von den Ihren haben und selbst schon zu guten, praktischen Entscheidungen gelangt sind

grüßt Sie herzlich

– als eine Kampf- und Leidensgefährtin –

Ihre Helene Stöcker.«

Stöckers Prognose, was »man zwei Monate ermöglichen kann, ist nicht zwei oder fünf oder zehn Jahre möglich«, sollte sich leider bewahrheiten. Die Nationalsozialisten hatten alsbald die Konten der Emigrierten einfrieren lassen und das zurückgelassene Eigentum beschlagnahmt, sodass diese nicht mehr auf ihr Vermögen zurückgreifen konnten und mittelos im Ausland ausharren mussten.

Gabriele Tergit, die bereits vor 1933 für das *Prager Tageblatt* geschrieben hatte, so beispielsweise jene Serie über »Berliner Existenzen«, konnte sich nach ihrer Flucht mit Artikeln, die sie neben der genannten Zeitung auch für den *Prager Mittag*, die *Prager Abendzeitung* und die *Deutsche Zeitung Bohemia* verfasste, finanziell über Wasser halten. Es handelte sich allesamt um deutschsprachige Zeitungen, die dafür zeugen, dass der laut Volkserhebung von 1930 gemessene 22-prozentige deutschsprachige Bevölkerungsanteil in der Tschechoslowakei eine breite Leserschaft rekrutierte. Nach 1933 nahm der deutschsprachige Anteil noch zu, da viele politisch wie rassistisch Verfolgte in der benachbarten Tschechoslowakei, zumindest vorübergehend, ein sicheres Exil gefunden hatten.

Etwa vier Wochen nach ihrer Flucht bekam Gabriele Tergit erstmals wieder Ehemann Heinz und Sohn Peter Reifenberg zu Gesicht, die in Begleitung der Eltern Siegfried und Frieda Hirschmann nach Spindlermühle reisten. Dort erfuhren sie vom Aprilboykott, was den Unternehmer Siegfried Hirschmann in große

Unruhe versetzte, und dies nicht zu unrecht. Nach seiner Rückkehr wurde er verhaftet und sukzessive aus der Firmenleitung verdrängt. Die Deutschen Kabelwerke wurden als volkswirtschaftlich relevant deklariert, schleichend »arisiert« und damit der Firmengründer und -vorstand Siegfried Hirschmann faktisch enteignet.

Da nunmehr auch für den Architekten Heinz Reifenberg eine einträgliche Beschäftigung in Deutschland unmöglich schien, erwog er, wie bereits sein Bruder Adolf, der seit 1919 in einem Kibbuz arbeitete, eine dauerhafte Niederlassung im britischen Mandatsgebiet Palästina. Der Schwiegervater von Adolf Reifenberg beauftragte dessen Bruder Heinz Reifenberg sogleich mit einem Hausbau, und so ging Gabriele Tergits Mann voraus und versuchte, in Tel Aviv eine neue Existenz für die Familie aufzubauen.

Werbeplakat aus den 1930er Jahren

Gabriele Tergits Pass für das britische Mandatsgebiet

»Im Schnellzug nach Haifa«

»Kommen Sie aus Überzeugung oder aus Deutschland?«, war eine damals im britischen Mandatsgebiet Palästina häufig formulierte Redewendung in Bezug auf die seit 1933 ins Land strömenden deutschsprachigen Juden. Und so ging es wohl auch Gabriele Tergit, die es wahrlich nicht aus ideologischen Gründen in das ›Land der Väter‹ zog. »Palästina« war und blieb für sie ein ungewollter Zufluchtsort. Im November 1933 kam sie mit ihrem Sohn Peter in Tel Aviv an. Ihr Mann Heinz Reifenberg hatte zu jener Zeit beruflich schon Fuß gefasst, er baute gerade ein Boarding House in der Stadt und plante ein Gebäude für die Jerusalemer Universität.

Die Familie wohnte zunächst bei Moscheh Ya'akov Ben-Gavriel zur Untermiete, einem zionistischen Schriftsteller aus Wien, der ursprünglich Eugen Hoeflich hieß und der einen Pansemitismus propagierte, in dem er sich für eine Vereinigung aller semitischen Völker als Vorstufe eines Bruderbundes asiatischer Völker einsetzte. Dieses Konzept, das einen binationalen Staat vorsah, wurde 1948 von politischen Gruppierungen anstelle eines jüdischen Staates Israel angeregt.

Später bezog die Familie Reifenberg dann eine eigene Wohnung in der Harjakon Straße 102. Gabriele Tergit

2

DESCRIPTION
SIGNALEMENT
اوصاف حامل الجواز
תאור נושא הפספורט

WIFE الزوجة
FEMME האשה

Profession / Profession .... المهنة / משלח ידו

Place and date of birth / Lieu et date de naissance: Berlin .... 4.3.1904 مكان وتاريخ الولادة / מקום הולדתו ותאריך הולדתו

Place of Residence / Domicile: Tel Aviv .... مكان الاقامة / מקום מגוריו

Height / Taille: 159 cms .... القامة / קומתו

Colour of eyes / Couleur des yeux: Blue .... العيون / צבע עיניו

Colour of hair / Couleur des cheveux: Brown .... لون الشعر / צבע שערותיו

Special peculiarities / Signes particuliers .... المميزات الخاصة / תכונות מיוחדות

CHILDREN
ENFANTS
الاولاد
ילדים

Name الاسم / Nom השם	Age السن / Age הגיל	Sex ذكر ام انثى / Sexe ילד או ילדה

3

PHOTOGRAPH OF BEARER
صورة حامل الجواز الشمسية
תמונת נושא הפספורט

WIFE الزوجة
FEMME האשה

(PHOTO)
محل لصق الصورة الشمسية
מקום התמונה

SIGNATURE OF WIFE
SIGNATURE DE SA FEMME
توقيع الزوجة
חתימת האשה

tat sich schwer mit der neuen Umgebung, das Klima, die Sprache (Deutsch galt im Mandatsgebiet vielen als die Sprache Hitlers und wurde auf den Straßen nicht gern gehört), die sehr eingeschränkten Möglichkeiten des Arbeitens – und eben die Anfeindungen, denen sie sich als aus Deutschland Vertriebe immer wieder ausgesetzt fühlte. In ihrem Text *Überfahrt 1933* beschreibt sie das Gefühl, das sie bereits vor der Ankunft überkam und das sich für sie während ihrer Zeit in »Palästina« nie verflüchtigen sollte: »Auf dem Schiff fahren zionistische Akademiker. Viele von ihnen waren von echter Bewegtheit. Sie waren keine Emigranten, sondern Heimkehrer [...]. Wer mit einem leidvollen Herzen nach Palästina fuhr, galt ihnen als Hochverräter. [...] Sie unterschieden zwei Rassen, Zionisten und Assimilanten. Brücken führten zu den Blut- und Bodentheorien des Nationalsozialismus, aber keine Brücke führte zu Assimilanten. Es gab keine Tragödie der deutschen Juden, sondern nur eine Komödie der Irrungen seit 150 Jahren.« Hier verweist sie auf den innerjüdischen Vorwurf gegenüber dem deutschen Judentum, das sich rückhaltlos in die Kultur der christlichen Mehrheitsgesellschaft begeben und die eigenen jüdischen Wurzeln gekappt habe. Gabriele Tergit bekannte sich zu ihrem liberalen bildungsbürgerlichen Elternhaus und ihrer kulturellen Prägung in Berlin. Sie fühlte sich keineswegs als

»Heimkehrerin«, vielmehr vermisste sie die Großstadt. Die Levante konnte ihr nicht ansatzweise einen Ersatz für das »leidvoll« Zurückgelassene bieten.
Es war aber nicht allein das kulturelle Europa, das ihr in »Palästina« fehlte, es war auch das geistige und politische Klima, das dort gegenüber den deutschen Juden vorherrschte. In einem Brief von 1959 an Grete Hirschberg schreibt sie rückblickend: »Es vergisst sich auch nicht, dass immer wieder Hitlers Politik gegen die deutschen Juden gebilligt wurde, dass in der [Tel Aviver, E.-V.K.] Opera Mograbi [19]35 gesagt werden konnte: ‚Die Judenfrage in Deutschland ist positiv in unserem Sinne erfolgt.' Und seien wir uns doch klar, wir haben heute zwei ganz getrennte Judentümer, die Israelis und die Anderen.« 15 Jahre später äußert sie gegenüber Hans Jäger: »Sehen Sie, mein Leben ist ja mehr von meinem Antizionismus beschattet worden als von dem Rassismus aus Deutschland. […] Alle Grundlagen des Zionismus – von jüdischer Seite – sind falsch. Der Mensch liebt seine Umgebung, liebt die Strasse, in der er gespielt hat. Quatsch, das[s] ihm ein fremdes Land näher stehen soll.« Derartige Äußerungen wurden Gabriele Tergit übel genommen. Sie ließ sich jedoch nicht beirren, ihre Position beizubehalten, sie erwog gar, ein Buch über die Juden in »Palästina« zu schreiben. Ihrem Freund und Kollegen Rudolf Olden, dem sie das Manuskript geschickt

hatte, gefiel das Gelesene gut, allerdings riet er der Freundin, es nicht geschlossen zu publizieren, da es offensichtlich aus einem eher theoretischen bzw. politischen und einem Teil mit Impressionen des Landes bestehe. Einmal davon abgesehen, dass dieses Buch in Deutschland keinen Verleger mehr gefunden hätte, hätte es innerhalb einer jüdischen Leserschaft im Exil für viel Sprengstoff gesorgt. »Ich habe mich mit all den Problemen beschäftigt, habe 700 Seiten darüber geschrieben, über das Judentum, all die Juden in Palästina, die deutschen Juden, einzelne Existenzen usw. Damit griff ich auf eine journalistische Form zurück, mit der ich bereits beim ›Berliner Tageblatt‹ Erfolg gehabt hatte.« Gegenüber Ernst Rowohlt äußerte sie 1946 bezüglich dieses Buchprojektes, es sei »mehr kontra als pro, ich kann nun einmal Nationalismus in keiner Verkleidung leiden«. Auszüge aus dem nie verwirklichten Buchprojekt wurden posthum in der Textsammlung *Im Schnellzug nach Haifa* (1996) in Deutschland veröffentlicht.

Ihre Kritik am Zionismus war deutlich. In einem später veröffentlichten Essay, einem Auszug aus dem »Palästina-Konvolut«, kritisiert sie, dass der Zionismus »auf der einen Seite die alleinige Führung der Judenheit beansprucht, während er auf der anderen Seite Tendenzen entwickelt hat, die bei der Mehrheit der Judenheit Widerstand finden. Statt die Juden

unter dem Banner Palästina's zu einigen, hat er zu einer noch nie dagewesenen Spaltung, zu Zerklüftung geführt. Er ist zu einer Sekte innerhalb der Judenheit geworden.« Da sprach Gabriele Tergit noch vor der Gründung des Staates Israel (1948) ein Dilemma an, das bis heute aktuell ist. Und so heißt es in einem späteren Essay unter dem Titel *Die geistigen Grundlagen des Zionismus* überaus kritisch: »Die größte Enttäuschung aber muss es für jeden Zionisten bedeuten, dass die Judenfrage in Palästina nicht zu Ende ist [...]. Die innerjüdische Konsequenz muss die Erkenntnis sein, dass Palästina ein Teil des jüdischen Problems ist, dass die lebensgefährliche Spaltung in ›Assimilanten‹ und ›Zionisten‹ aufhören muss. Die außenpolitische Konsequenz muss sein, dass sämtliche anderen Lösungen von jedem verantwortungsbewußten Juden aufs genaueste studiert werden müssen, was die Führung des Zionismus bedauerlicherweise ablehnt.«
Aus diesen Sätzen spricht zweifellos auch Verbitterung und Desillusionierung, die während ihrer fünf Jahre in »Palästina« an Gabriele Tergit nagten. Sie betonte rückblickend, dass die Vorbehalte und Animositäten der Zionisten gegenüber den aus Deutschland geflüchteten Juden ein entscheidender Grund für die eigene Rückkehr nach Europa gewesen sei. Natürlich spielten auch andere Gründe eine wichtige

Rolle: die ständigen Erkrankungen, der Mangel an journalistischer Betätigungsmöglichkeiten und die daraus resultierende finanzielle Eingeschränktheit. Die Entwicklung des Sohnes bereitete den Eltern zudem große Sorgen, denn Peter beherrschte keine der Sprachen wirklich gut und fühlte sich in keiner wirklich zu Hause. So wurde er immer stiller und zog sich immer weiter in sich selbst zurück. Für Gabriele Tergit schien eine Integration in »Palästina« entfernter denn je. Als Großstadtmensch mit europäischer kulturller Prägung war für sie die Levante kein Sehnsuchtsort. Als dann Heinz Reifenberg an Kinderlähmung und der Sohn an Typhus erkrankten und bei ihr selbst eine vermutlich psychosomatisch bedingte Hauterkrankung ausbrach, erwog Gabriele Tergit mit ihrer Familie, ›Palästina‹ 1938 zu verlassen. Die unklaren politischen Verhältnisse im britischen Mandatsgebiet mögen die Entscheidung befördert haben, nach Europa zurückzukehren. In einem Brief an Hans Sahl formulierte Gabriele Tergit über ihren Entschluss, »Palästina« zu verlassen, einen für sie entscheidenden Grund: »Ehe und Kinder und sagen, was man will, das ist das einzig Wichtige.«

Rückkehr nach Europa

Im Jahr ihrer Rückkehr nach Europa brach eine große Fluchtwelle über England ein. Mehr als 60 000 Juden aus Deutschland und Österreich flüchteten nach dem »Anschluss« auf die britische Insel. Und auch für die Familie Reifenberg schien einzig das Vereinigte Königreich als erneuter Zufluchtsort in Frage zu kommen. Und erneut teilten sie das Schicksal vieler Flüchtlinge, die auf Wohnungs- und Arbeitssuche waren.

In London fanden sie schließlich eine neue Heimat, wenn auch für viele Jahre zunächst in Form eines untervermieteten, möblierten Zimmers, für das ein Drittel des Einkommens investiert werden musste. Aber im Gegensatz zum britischen Mandatsgebiet Palästina gab es hier wieder so etwas wie Normalität: »London war für uns ein unbeschreibliches Glück. Endlich konnten wir wieder in ein Museum gehen, in einer europäischen Großstadt zu leben, nun in die Oper zu gehen, ein Ballett zu sehen, das war schon ein Vergnügen, das wir fast nicht mehr kannten.«

Mit dem Ausbruch des Zweiten Weltkrieges drohte der lang ersehnte Wunsch nach Normalität erneut in weite Ferne zu rücken. Die deutschen Flüchtlinge wurden als enemy aliens (Ausländer aus Feindesländern) eingestuft und die Männer in Lagern interniert. Da die Reifenbergs über einen von den Briten ausgestellten »Palästina-Pass« verfügten, blieb Heinz Reifenberg von der Internierung verschont, eine Arbeitserlaubnis zu erhalten war allerdings aussichtslos. Gabriele Tergit bemühte sich – meist erfolglos – für deutschsprachige Exilzeitungen zu schreiben, so beispielsweise für die in London ansässige *Die Zeitung*, die von der britischen Regierung alimentiert wurde. Sebastian Haffner, der eigentlich Raimund Pretzel hieß und ebenso wie Gabriele Tergit ein Pseudonym angenommen hatte, war damals als junger Redakteur bei der Zeitung angestellt und versuchte Tergits oft brisante Artikel unterzubringen. Aber ihre Themen waren der Zeitung nicht immer genehm, so beispielsweise ein Beitrag über die aktuelle Situation der zahlreichen emigrierten Deutschen, die vor Hitler auf der Flucht waren, so wie sie selbst und viele ihrer Freunde und Bekannten. Der Chefredakteur der Zeitung, Dietrich Mende, antwortete ihr in einem Ablehnungsschreiben am 15. Oktober 1941: »[…] herzlichen Dank für Ihr Manuskript ›Emigranten und Flüchtlinge‹. Wir haben uns sorgsam überlegt, ob wir es bringen sollen, aber wir möchten davon absehen, weil wir eine Diskussion dieses Themas nicht eröffnen möchten.« Es schien fast unmöglich, ein Presseorgan zu finden, das während des Krieges bereit war, über die Situation der deutschen Flüchtlinge, meist mittellos und häufig ohne gültige Papiere, zu berichten.

Gabriele Tergit hatte sich seit Gründung (1940) der in London ansässigen *Association for Jewish Refugees in Great Britain* dort für die Belange der deutschen Exilanten eingesetzt und schrieb seit Herausgabe eines eigenen Mitteilungsblattes (*AJR Information*, gegründet 1941) regelmäßig darüber. Im Gegensatz zum New Yorker *Aufbau* erschien die Zeitung allerdings ausschließlich auf Englisch und nach Tergits Dafürhalten entwickelte sich diese »zu einer der besten jüdischen Zeitschriften, die in der damaligen Welt existierte«.

In ihren Artikeln verwies Gabriele Tergit immer wieder auf die Schwierigkeiten im Anpassungsprozess an die Gepflogenheiten des Gastlandes, mit denen auch sie selbst immer wieder zu kämpfen hatte. Zudem entsprach das britische Understatement so gar nicht ihrem Naturell. Ihre berlinische Art, eher etwas ruppig als geschliffen, ihre Direktheit und Ungeduld stießen nicht selten auf Unverständnis. »Wenn mich jemand gefragt hat: Sind Sie eine Deutsche? So habe ich geantwortet: No, I'm a Berliner. Ich bin Berlinisch in der Wolle gefärbt. Man kann doch nicht solche Bücher schreiben wie ich und all dies dann wie eine Jacke ausziehen, wenn man das Land verlässt.«

Und so, wie man die eigene Sprache nicht einfach wie eine Jacke ablegen und eine andere anlegen kann, blieb es ihr fortan bis auf wenige journalistische Ausnahmen unmöglich, in einer anderen Sprache als Deutsch zu schreiben. Damit blieb ihr der Londoner Literaturbetrieb verschlossen und sie widmete sich wieder ihrem Familienroman *Effingers*, den sie in Berlin begonnen und in »Palästina« fortgesetzt hatte. Er handelt von einer gutbürgerlichen Berliner Familie und beginnt mit einem Brief des siebzehnjährigen Lehrlings Paul Effinger und endet wiederum mit einem Brief, dem Abschiedsbrief des nunmehr Achtzigjährigen kurz vor seiner Deportation in ein Vernichtungslager. Dazwischen liegt das Deutsche Kaiserreich, die Weimarer Republik und das vermeintliche »Tausendjährige Reich«, eine bleierne Zeit, in der Zünfte und Stände den alten Traditionen verhaftet sind und sich das Bürgertum vor dem drohenden Verfall zu schützen sucht. *Effingers* ist eine Chronik über vier Generationen hinweg. Außer dass sie Juden sind, unterscheidet sich ihr Schicksal in nichts von dem anderer gutsituierter Berliner Großbürger der Jahrhundertwende. »Alle fahren sie im sich immer wiederholenden Lebenskarussell, das sich durch Leichtsinn, Glück, Schmerz, Erfolg und Scheitern dreht.« Ein typisch deutsches Bürgerschicksal, dass sich jedoch mit dem aufziehenden Nationalsozialismus schlagartig zu ändern droht, denn nun ist das deutsche Schicksal ein jüdisches geworden. Wer die

Zeichen der Zeit rechtzeitig zu deuten weiß, wandert aus. »Wer an das Gute im Menschen glaubt – ›der tiefste Irrtum meines Lebens‹, bekennt Paul Effinger – verfängt sich in den ungünstigen Zeitläufen.«
Unter einem weiteren Pseudonym, Irene Bersil, bewarb sich Gabriele Tergit mit dem noch fragmentarischen Roman unter dem Titel »Der ewige Strom« bei einem Literaturwettbewerb der American Guild for German Cultural Freedom, einer Vereinigung, die von Hubertus Prinz zu Löwenstein zur ideellen und finanziellen Unterstützung emigrierter Schriftsteller gegründet worden war. Der erhoffte Erfolg blieb jedoch aus. Das Manuskript wurde nicht in den Wettbewerb aufgenommen, da es nach Meinung der Jury zu lang sei. Erst 1951 sollte der Roman durch Vermittlung von Ernst Rowohlt bei Hammerich & Lesser in Hamburg erscheinen, einem Verlag, den Axel Springer für kurze Zeit betrieb. Gabriele Tergit war in die Zwickmühle geraten, denn eigentlich hatte sich der Suhrkamp Verlag interessiert gezeigt: »1948 kam Peter Suhrkamp zu mir ins Hotel am Zoo, ein müder alter Mann. Niemand war so gealtert wie er.« Allerdings lag der Vertrag bei Hammerich & Lesser schon zur Unterschrift bereit, da Ernst Rowohlt die Verhandlungen beschleunigt hatte.

INTERNATIONAL P.E.N.

A World Association of Writers

International President: PER WÄSTBERG

Vice Presidents: HEINRICH BÖLL, ANDRÉ CHAMSON, A. DEN DOOLAARD, PIERRE EMMANUEL, ROBERT GOFFIN, NADINE GORDIMER, STEPHAN HERMLIN, GYULA ILLYÉS, STORM JAMESON, ROSAMOND LEHMANN, MIRA MIHELIČ, ARTHUR MILLER, YOUN-SOOK MOH, SIR VICTOR PRITCHETT, C.B.E., MARIO VARGAS LLOSA.

International Secretary:
PETER ELSTOB

International Treasurer:
THILO KOCH

Administrative Secretary:
ELIZABETH PATERSON

7 DILKE STREET
CHELSEA, LONDON, SW3 4JE

Telephone: 01-352 9549/6303
Telegrams: LONPENCLUB LONDON SW3

19th March, 1981.

Dear Dr. Tergit,

I've just learned that you have given up the General Secretaryship of the German-Speaking Writers Abroad Centre and feel that I should not let this pass without expressing to you my admiration for your long years of service to International P.E.N.

I know that many others in P.E.N. would want to join me in thanking you and I will bring the matter to their attention at the next opportunity.

I hope that you enjoy many years of continued writing.

With best wishes,

Yours sincerely,

Peter Elstob
International Secretary.

Dr. Gabriele Tergit,
315 Upper Richmond Road,
London SW15 6ST.

Der damalige Sekretär des Internationalen P.E.N.-Clubs, Peter Elstob, dankt Gabriele Tergit für ihre jahrzehntelange Tätigkeit als Sekretärin des deutschen Exil-P.E.N., der sich später in P.E.N.-Zentrum deutschsprachiger Autorinnen und Autoren im Ausland umbenannte.

Deutscher P.E.N.-Club im Exil

Gabriele Tergit war bereits seit 1931, dem Erscheinungsjahr ihres ersten Romans (*Käsebier erobert den Kurfürstendamm*) Mitglied des Deutschen P.E.N.-Clubs. Als sich dieser dann 1934 im Exil neu formierte, stand sie mit vielen der Gründungsmitglieder in Kontakt, so auch mit ihrem ehemaligen Kollegen beim *Berliner Tageblatt*, Rudolf Olden, der in den 1930er Jahren als Sekretär des deutschsprachigen Exil-P.E.N.s fungierte. Gabriele Tergit sollte dieses Amt übernehmen und von 1957 bis gut ein Jahr vor ihrem Tode innehaben.

Nachdem die meisten linken und republikanischen Schriftsteller bereits außer Landes geflüchtet waren, fanden am 10. Mai 1933 unter dem Motto »Wider dem undeutschen Geist« in zahlreichen deutschen Hochschulstädten Bücherverbrennungen statt, die vom Burschenschaftsverband »Deutsche Studentenschaft« organisiert, koordiniert und durchgeführt wurden. Während der bis ins letzte Detail geplanten und choreografierten Aktion wurden über 4.500 Titel von hunderten Autoren, darunter vielen späteren Mitgliedern des Exil-P.E.N., so auch Gabriele Tergit, auf öffentlichen Scheiterhaufen verbrannt.

Nach der Gleichschaltung des P.E.N.-Clubs in Deutschland 1934 gründeten emigrierte Autoren im gleichen Jahr in London eine neue Sektion des Schriftstellerverbandes (Deutscher P.E.N.-Club im Exil), der vom Internationalen P.E.N. anerkannt wurde. Er entstand in der Absicht, die versprengten Literatinnen und Literaten zu sammeln und eine ›antifaschistische Front‹ zu bilden, wodurch eine frühere *No-politics*-Parole des Internationalen P.E.N. ausgehebelt wurde. Die Mitglieder des Exil-P.E.N. erhielten damit ein öffentliches Forum, um die nationalsozialistischen Verbrechen anzuklagen und auf die Existenz einer freien deutschen Literatur im Exil hinzuweisen und ebenso auf die Nöte der Exilanten aufmerksam zu machen. Zudem stellte der deutsche Exil-P.E.N. den Kontakt zu einheimischen Kollegen im Gastland her und fungierte als Fluchthelfer.

Zu den Gründungsmitgliedern des deutschen P.E.N.-Clubs im Exil zählten Johannes R. Becher, Georg Bernhard, Bert Brecht, Bernhard von Brentano, Ferdinand Bruckner, Lion Feuchtwanger, Bruno Frank, Leonhard Frank, Oskar Maria Graf, Werner Hegemann, Max Herrmann-Neiße, Arthur Hollitscher, Prinz Hubertus zu Löwenstein, Hermann Kantorowicz, Emil Ludwig, Heinrich Mann, Klaus Mann, Thomas Mann, Ludwig Marcuse, Peter Mendelssohn, Balder Olden, Rudolf Olden, Walther Rohde, Paul Roubiczek, Fritz Landshoff, Anselm Ruest, Leopold Schwarzschild, Ernst Toller, Albert Malte Wagner, Herwarth Walden und Arnold Zweig (Stand 16. April 1934). Der Exil-P.E.N. nahm seit seiner Anerkennung 1934 in Edinburgh an den jährlich stattfindenden internationalen P.E.N.-Kongressen teil. Dabei vertraten Schriftsteller wie Ernst Toller, Klaus Mann, Lion Feuchtwanger oder Oskar Maria Graf die deutsche Gruppe. Ihnen ging es vor allem um die Befreiung inhaftierter Schriftsteller, wie beispielsweise Carl von Ossietzky, und die Verbesserung der Arbeitsbedingungen der Exilschriftsteller. Der im September 1939 in Stockholm geplante Kongress konnte aufgrund der politischen Lage nicht mehr ausgerichtet werden. Der nächste sollte erst wieder nach dem Zweiten Weltkrieg stattfinden.

Die Mitglieder des Exil-P.E.N. lebten über ganz Europa verteilt, viele von ihnen waren aus Deutschland ausgebürgert worden und besaßen keinen Pass oder andere Dokumente, mit denen sie sich hätten ausweisen und in andere Länder weiterreisen können. Deshalb stellte der Sekretär des Exil-P.E.N. Mitgliedsausweise aus, die als Identitätsnachweis dienten.

Der Ausbruch des Zweiten Weltkrieges, die damit verbundene erneute Flucht vieler P.E.N.-Mitglieder und vor allem der Tod von Rudolf Olden, dem ersten Sekretär des Exil-P.E.N. und guter Freund von Gabriele Tergit, führte zunächst zur Auflösung der deutschen Gruppe. 1941 beauftragte Hermon Ould den Schriftsteller und Literaturkritiker Alfred Kerr mit

der Neugründung. Neben Kerr als Präsidenten wurde die Gruppe von den Sekretären Friedrich Burschell und Richard Friedenthal geleitet. Am Ende des Krieges hatte der Exil-P.E.N. 42 Mitglieder.
Nach dem Zweiten Weltkrieg strebte der deutsche Exil-P.E.N. die Vereinigung mit den anderen in Deutschland existierenden Schriftstellergruppen an und gründete im November 1948 das P.E.N.-Zentrum Deutschland. Trotz der Neugründung in Deutschland löste sich der Exil-P.E.N. in London aber nicht auf. Er diente weiterhin als Anlaufstelle für alle deutschen und deutschsprachigen Autoren auf der ganzen Welt. 1948 fanden sich unter seinem Dach 80 weiterhin im Ausland lebende Mitglieder. Die Ehrenpräsidentschaft hatte Thomas Mann übernommen.

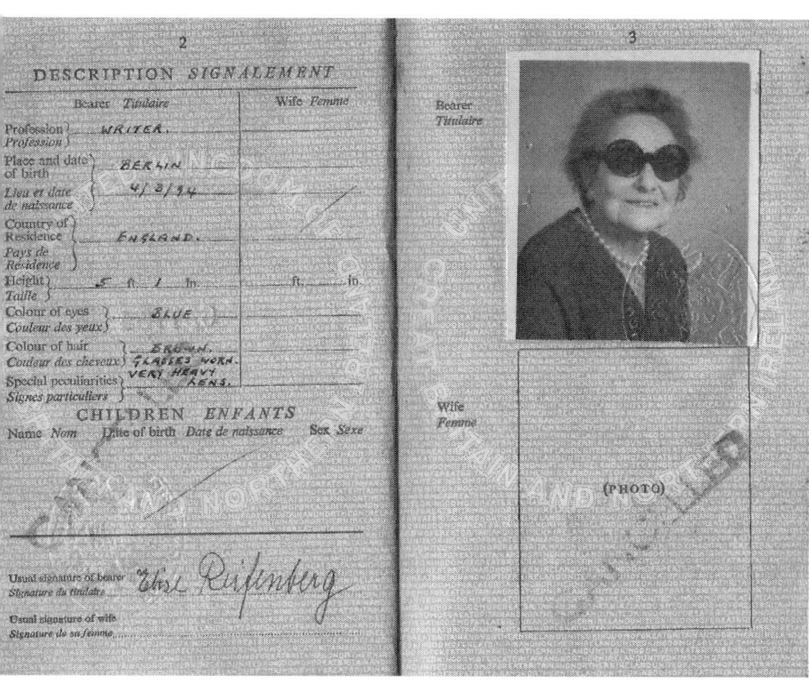

2

DESCRIPTION *SIGNALEMENT*

	Bearer *Titulaire*	Wife *Femme*
Profession / *Profession*	WRITER.	
Place and date of birth / *Lieu et date de naissance*	BERLIN 4/3/94	
Country of Residence / *Pays de Résidence*	ENGLAND.	
Height / *Taille*	5 ft. 1 in.	ft. in.
Colour of eyes / *Couleur des yeux*	BLUE	
Colour of hair / *Couleur des cheveux*	BROWN.	
Special peculiarities / *Signes particuliers*	GLASSES WORN. VERY HEAVY LENS.	

CHILDREN *ENFANTS*

Name *Nom*	Date of birth *Date de naissance*	Sex *Sexe*

Usual signature of bearer / *Signature du titulaire* Elise Reifenberg

Usual signature of wife / *Signature de sa femme*

3

Bearer *Titulaire*

Wife *Femme*

(PHOTO)

Ein Augenleiden zwang Gabriele Tergit zum Tragen starker Brillengläser.

Eine der letzten Aufnahmen von Gabriele Tergit in ihrer Londoner Wohnung

Epilog

Nach langjähriger Staatenlosigkeit hatte Gabriele Tergit 1948, zehn Jahre nach ihrer Immigration, einen britischen Pass erhalten. Im gleichen Jahr fuhr sie, nunmehr als britische Staatsbürgerin, das erste Mal wieder in ihre Geburtsstadt, der sie mit ihrem *Käsebier* ein so vortreffliches Denkmal gesetzt hatte. »Die Fahrt nach Berlin war meine erste Flugreise und die erste Reise seit zehn Jahren, die erste von einer richtigen Wohnung aus und mit einem richtigen Paß«, vermerkt sie in ihren autobiografischen Aufzeichnungen *Etwas Seltenes überhaupt*, die 1983 erschienen. Berlin war aber nicht mehr die Stadt, in der es der imaginäre Volkssänger Georg Käsebier auf die imaginären Titelseiten der Großstadtpresse gebracht hatte, noch das Berlin, das Elise Reifenberg im März 1933 fluchtartig verlassen musste und seither nicht mehr betreten hatte. »Ich lief aufgeregt durch Berlin, der eigene Schritt war das einzige Geräusch. Die Sonne schien. Alle Häuser in der Straße waren zerbombt, warfen Schatten mit den Fenstern als viereckige Sonnenflecken, denn die Fenster waren Löcher in den Fassaden. Der alte Westen mit seinen klassizistischen Häusern, das Wohnviertel des begüterten Bürgertums der Kaiserzeit, bevor es nach Grunewald oder nach Schlachtensee gezogen war, war am

23. November 1943 in einem rasenden Sturm von Brandbomben von der Gedächtniskirche bis zum Potsdamer Platz vernichtet worden. Es war eine grün bewachsene Wüste. Am alten Kurfürstendamm, später Budapester Straße genannt, stand noch ein unzerbombtes Haus, ein unvorstellbar armseliges Haus von 1860, obwohl dies einmal eine teure Straße gewesen war. Ich musste auf diesem Weg meiner Jugend überall die Straßenschilder lesen, sonst hätte ich nicht mehr die Burggrafen- oder Wichmannstraße gefunden, in der ich noch die alten Läden hätte aufzählen können.«
Wie ein Flaneur aus einer vergangenen Zeit streifte Gabriele Tergit 1948 durch die Straßen des zerstörten Berlins, dabei führte sie ihr Weg auch am Kriminalgericht Moabit vorbei, dort wo sie einst ihre journalistische Karriere als Gerichtsreporterin begonnen hatte. »Das Kriminalgericht Moabit stand noch teilweise. Als ich die Tür eines kleinen Verhandlungszimmers aufmachte, sagte der Wachtmeister, der wie ehemals an seinem Tischchen saß, genau wie der Botenmeister: ›Guten Tag, Frau Tergit.‹ Ich sagte: ›Guten Tag‹ und hörte der Verhandlung zu. […] Auf dem Korridor traf ich zwei alte Kollegen. Waren sie die ganzen fünfzehn Jahre hier von Verhandlungszimmer zu Verhandlungszimmer gegangen und hatten über den Mord an Lieschen Schmidt berichtet, während Tausende unter den Häusern lagen?«

Derartige Fragen wollte Gabriele Tergit öffentlich stellen, und so hatte sie bereits 1946 begonnen, unter der Rubrik »Brief aus London« für den von Erik Reger, Walther Karsch, Heinrich von Schweinichen und Edwin Redslob gegründeten Berliner *Tagesspiegel* zu schreiben, der seit dem 27. September 1945 unter der Lizenz der Information Control Division der amerikanischen Militärregierung erschien. In ihrer Londoner Wohnung sammelte sie derweil Bausteine für eine Novelle, in der sie ihre Erfahrungen auf ihren Reisen durch Deutschland Ende der 1940er Jahre verarbeitete. Unter dem Titel *Der erste Zug nach Berlin* (2000 von Jens Brüning herausgeben) erschien diese Novelle knapp zwanzig Jahre nach ihrem Tod. Gabriele Tergit starb am 25. Juli 1982 im Alter von 88 Jahren in London.

Abbildungsnachweis

Seiten 16, 27, 37, 39, 42, 48, 50, 51, 62, 67, 68 Tergit-Nachlass, Moses Mendelssohn Zentrum Potsdam
Seiten 10, 13, 23, 47 Tomas Hirschmann, Guatemala-Stadt

Dank

Die Autorin dankt Penny Chettle, Robert Schopflocher (s.A.) und Tomas Hirschmann ganz herzlich für das entgegengebrachte Vertrauen.

Über die Autorin

Elke-Vera Kotowski
geboren 1961, wissenschaftliche Mitarbeiterin am Moses Mendelssohn Zentrum für europäisch-jüdische Studien, Potsdam, und Dozentin an der Universität Potsdam (Geschichte, Jüdische Studien, Kultur und Medien), forscht derzeitig zum deutsch-jüdischen Kulturerbe im In- und Ausland. Zahlreiche Veröffentlichungen im Hentrich & Hentrich Verlag Berlin, zuletzt u.a. »Zweisamkeiten. 12 außergewöhnliche Paare in Berlin« (gemeinsam mit Anna-Dorothea Ludewig und Hannah Lotte Lund).